D1373258

¡ANIMALES MARINOS SALVAJES!

LAS BALLENAS

Melissa y Brandon Cole

BLACKBIRCH®
PRESS

THOMSON
GALE

San Diego • Detroit • New York • San Francisco • Cleveland • New Haven, Conn. • Waterville, Maine • London • Munich

For more information, contact
The Gale Group, Inc.
27500 Drake Rd.
Farmington Hills, MI 48331-3535
Or you can visit our Internet site at http://www.gale.com

Photo Credits: All images © Brandon D. Cole, except pages 13, 21, 22 © Melissa S. Cole

LIBRARY OF CONGRESS CATALOGING-IN-PUBLICATION DATA

Cole, Melissa S.
  [Whales. Spanish]
  Las ballenas / by Melissa y Brandon Cole.
      p. cm. — (Animales marinos salvajes!)
Summary: Discusses the physical characteristics, feeding and mating behavior, interaction with humans, and habitat of whales.
Includes bibliographical references.
  ISBN 1-41030-007-2 (hardback : alk. paper)
1. Whales—Juvenile literature. [1. Whales.] I. Cole, Brandon. II. Title. III. Series: Cole, Melissa S. Wild marine animals!

QL737.C4 C574 2003
599.5—dc21

Printed in China
10 9 8 7 6 5 4 3 2 1

Contenido

Introducción 4

Miembros de la familia .6

El cuerpo de la ballena 10

Rasgos especiales .12

La caza 13

Vida social 16

Apareamiento 18

La crianza de los ballenatos 20

La ballena y el hombre 22

Glosario 24

Para más información 24

Índice 24

Introducción

Este cachalote joven mide 25 pies (7.6 metros) de largo. Los cachalotes pueden medir hasta 60 pies de largo (18.2 metros).

Hay más de 70 especies de ballenas en los océanos del mundo. Algunas ballenas viven en tibias aguas ecuatoriales de poca profundidad. Otras viven en los mares fríos y profundos del norte. Otras viajan entre ambas regiones.

Las orcas, o ballenas asesinas, comen peces, focas, delfines y a veces a otras ballenas.

Hace años se pensaba que las ballenas eran peces. Hoy sabemos que son mamíferos, como los humanos. Las ballenas se diferencian de los peces en varios aspectos. Las ballenas no respiran por branquias como ellos, sino con enormes pulmones. Son de sangre caliente, no fría como los peces. Sus crías nacen vivas y se amamantan con leche, y no nacen de huevos como los peces. La confusión de antes, con los peces, provenía del hecho de que las ballenas pasan su vida entera en el agua.

Miembros de la familia

Las ballenas, delfines y marsopas pertenecen a un grupo de mamíferos marinos llamados cetáceos. Hay ballenas de todos los tamaños. Algunas son largas y delgadas — para deslizarse por el océano. Otras son cortas y robustas. A algunas ballenas les gusta cantar, y otras prefieren gruñir y silbar. Las ballenas dentadas tienen dientes cónicos muy filudos para atrapar peces y calamares resbalosos. Las ballenas de barbas no tienen dientes, sino unas placas como cerdas, llamadas barbas. Las barbas atrapan a los peces y moluscos pequeños, y dejan escurrir el agua. Hace muchos años, se usaban las barbas en la ropa femenina. A continuación están las ballenas más comunes en el mundo.

La ballena azul es el animal más grande del mundo.

La ballena azul

La ballena azul es tal vez el animal más grande que ha vivido en la Tierra. Su longitud promedio es de 82 pies (25 metros), pero se han registrado longitudes de hasta 110 pies (33.5 metros). La ballena azul es una ballena de barbas que se alimenta de kril. Es de color azul grisáceo y tiene una pequeña aleta dorsal en el lomo. Cuando esta ballena respira, su exhalación (aire húmedo que sale por el orificio nasal) puede alcanzar 30 pies de altura (9.1 metros). La ballena azul vive en aguas frías o templadas alrededor del mundo.

La ballena beluga

La ballena beluga es blanca. Usualmente llega a medir entre 9 y 16 pies (2.7 y 4.8 metros). Es una ballena dentada que se alimenta de peces y calamares. Se le encuentra en las frías aguas árticas cerca de Rusia, Groenlandia y Canadá. Se le conoce como 'el canario del mar' porque hace muchos ruidos como chillidos, gorjeos y silbidos.

La ballena beluga vive en las frías aguas del Océano Ártico.

La orca

La orca —o ballena asesina— es fácil de reconocer por su característica coloración blanca y negra. La orca adulta mide entre 18 y 32 pies (5.5 y 9.8 metros). La orca pertenece a un tipo de ballena llamado comúnmente 'pez negro', que incluye a la ballena piloto, la ballena cabeza de melón y otras ballenas dentadas de piel negra. Las orcas residentes viven cerca de la costa y se alimentan mayormente de peces. Las orcas transeúntes surcan mar abierto en grupos, alimentándose de varios animales marinos, como focas, delfines, tortugas e incluso otras ballenas.

La ballena jorobada

La ballena jorobada es una de las ballenas con más energía. A menudo salta completamente fuera del agua o azota frenéticamente la superficie del agua con la cola o sus enormes aletas pectorales.

Su cabeza es protuberante y sus aletas son largas. Una ballena jorobada adulta mide hasta 49 pies (15 metros). Cada ballena jorobada tiene en la cola un patrón único en blanco y negro similar a una huella dactilar. Debido a esto, los científicos han podido identificar a miles de ballenas jorobadas.

La ballena jorobada a menudo salta completamente fuera del agua.

La ballena correcta del sur

La ballena correcta del sur es una ballena de barbas, larga y oscura. De adulta mide entre 36 y 59 pies (11 a 18 metros). No tiene aleta dorsal y su cabeza está cubierta de parches blancos de piel áspera llamados callosidades. La ballena correcta del sur nada cerca de las costas de América del Norte y del Sur. La ballena correcta del norte es un pariente suyo en peligro de extinción. Actualmente sólo hay unas 300 ballenas correctas del norte en los océanos del mundo.

La ballena correcta del sur tiene parches de piel áspera en la cabeza, llamados callosidades.

La ballena gris

La ballena gris es una de las ballenas más conocidas. Desde la orilla o un bote, muchos han tenido la oportunidad de ver cómo la ballena gris migra más de 12,000 millas (19,355 kilómetros) cada año. Esta criatura se mueve entre el mar ártico, donde se alimenta, y las aguas tibias cerca de Baja, México, donde se aparea y da a luz a sus crías. De adulta mide entre 39 y 46 pies (11.9 y 14 metros).

El cuerpo de una ballena

La ballena vive toda su vida en el agua. Su cuerpo es largo, lustroso y casi lampiño. La ballena puede pegar sus aletas a los lados para surcar el agua con facilidad. Generalmente, la ballena de barbas hembra es más grande que el macho. Entre las ballenas dentadas, el macho es más grande.

Las aletas de la cola de la ballena son anchas y fuertes, y le permiten avanzar con un impulso vertical, a diferencia del impulso lateral de los peces. Un golpe de la cola mantiene a los enemigos a raya, sean tiburones, otras ballenas o cazadores humanos.

La ballena usa la aleta dorsal para mantener la estabilidad en el agua. Los órganos sexuales y las glándulas mamarias (de leche) están metidos, de modo que el cuerpo queda liso, sin protuberancias.

Los orificios nasales funcionan como la nariz humana y están en la parte superior de la cabeza de la ballena. Esto le permite respirar sin tener que levantar la pesada cabeza fuera del agua.

Las ballenas de barbas, como la ballena gris, tienen dos orificios nasales.

Las ballenas sólo pueden respirar por los orificios nasales, no por la boca. Las ballenas de barbas tienen dos orificios y las dentadas tienen uno.

Cuando una ballena respira, el aire sale del orificio con tal fuerza, que impulsa hacia arriba el agua encima de la cabeza de la ballena. El aire caliente condensa ese agua y se forma una nube, llamada soplido.

La ballena tiene una gruesa capa de grasa debajo de la piel. Esta grasa le ayuda a flotar. También le ayuda a mantenerse caliente en el agua, a pesar de no tener un manto de piel como otros mamíferos.

La cola de la ballena le permite avanzar con un impulso vertical.

Rasgos especiales

Las ballenas tienen buena visión, pero en aguas turbias, donde no se ve bien, usan ecolocalización. Esta habilidad especial les permite navegar a ciegas. Dentro de la cabeza de la ballena hay sacos de aire y al exprimirles el aire hacen mucho ruido. La ballena envía estos ruidos dentro del agua, donde forman ondas sonoras. Cuando la onda sonora toca algo —como un bote o un pez— rebota hacia la ballena. Con eso la ballena puede formar una 'figura sonora' y sabe qué tiene delante. Las ballenas dentadas tienen un mejor sistema de ecolocalización que las ballenas de barbas. Algunas ballenas, como el cachalote, pueden enviar ondas sonoras suficientemente fuertes como para matar o aturdir a su presa.

Una cría de la ballena correcta del sur mira a la cámara. La mayoría de las ballens tienen buena visión.

La caza

Las ballenas de barbas tienen mandíbulas superiores largas y curvas que sostienen las placas de barbas, que son como cerdas duras que cuelgan de la mandíbula superior de la ballena. Estas placas filtran peces, kril y plancton del mar. El tamaño y la forma de las placas de barbas varía según la especie y lo que la ballena coma. Algunas ballenas, como la ballena azul, nadan con la boca un poco abierta. Si el agua es rica en alimento, está llena de pequeños peces y kril que son absorbidos con el agua. Cuando la ballena está lista para tragar, empuja su enorme lengua hacia el paladar. El agua se escurre entre las barbas, pero el alimento queda atrapado dentro.

Las ballenas jorobadas se alimentan en grupo. Trabajan en equipo y, a veces, hacen sus propias 'redes de pesca' con burbujas de aire. El grupo empieza nadando en círculo bajo un cardumen de peces o kril. Las ballenas envían un flujo sostenido de burbujas por los orificios nasales. Cuando las burbujas se elevan, forman una suerte de red que atrapa a la presa dentro. Luego, las ballenas entran por el centro hacia la superficie con la boca abierta.

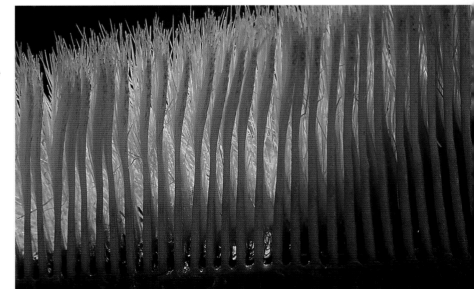

Las placas de barbas son como cerdas que atrapan el alimento del mar.

Su garganta tiene pliegues y se infla como un globo al absorber miles de galones de agua junto con un bocado de comida. Esta técnica de alimentación se llama de 'embestida' o 'red de burbujas'. Las ballenas jorobadas pueden hacer esto solas, pero funciona mejor si trabajan en grupo.

Las ballenas dentadas como la beluga, la orca y el cachalote tienen grandes dientes cónicos. La mayoría de las ballenas no necesita masticar su comida. Con sus afilados dientes atrapan a su presa, usualmente peces o calamares, ¡y se la tragan entera!

Abajo izquierda: Las orcas, por ser ballenas dentadas, tienen dientes cónicos.
Abajo derecha: Una ballena jorobada sube a la superficie con un bocado de peces y agua.
Lado opuesto: Los cachalotes pueden quedarse más de dos horas bajo el agua.

El cachalote puede comer sorprendentes cantidades de comida. Una vez, se encontró a un cachalote con 28,000 calamares sin digerir en el estómago, junto con una bota y una roca grande. El cachalote se alimenta de calamares gigantes, que pueden ser muy grandes y fuertes, y medir más de 65 pies (19.8 metros) de largo. Cuando cazan, los cachalotes pueden hundirse más de 2 millas (3.2 kilómetros) bajo la superficie del océano y pueden quedarse bajo el agua más de 2 horas.

Una 'guardería' de cachalotes hembras y sus crías se comunica por medio de chasquidos.

Vida social

El factor más importante en la sociedad de ballenas es la alimentación. La mayor diferencia ocurre entre las ballenas de barbas y las ballenas dentadas. Las ballenas dentadas viven por doquier—desde océanos polares hasta ríos cálidos y estuarios cerca del ecuador. Forman grupos, llamados familias, con unas pocas ballenas o hasta 1,000 animales.

Los cachalotes forman grupos llamados 'guarderías' conformados por hembras y crías, llamadas ballenatos. Cuando los machos llegan a la edad de siete a diez años, dejan la 'guardería' y se unen a otros machos en el grupo de los 'solteros'. Cuando los machos tienen aproximadamente 27 años y están físicamente maduros, compiten contra otros machos por comida y compañeras.

Todas las ballenas tienen un sentido llamado biomagnetismo, como una brújula interna, que les permite seguir el campo magnético de la Tierra. Como este campo magnético cambia, las ballenas no siempre saben su ubicación exacta. Un error de orientación les puede llevar equivocadamente hacia la orilla.

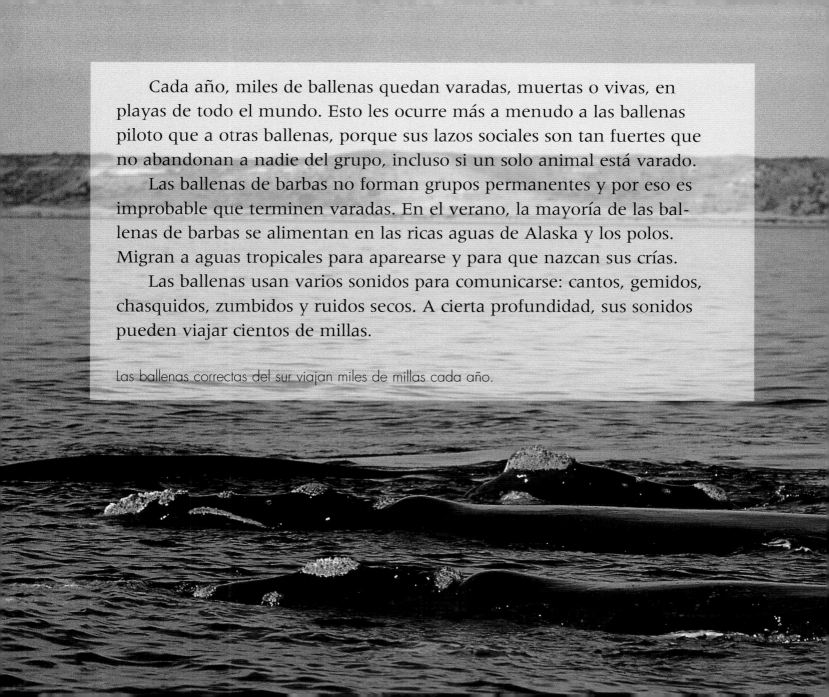

Cada año, miles de ballenas quedan varadas, muertas o vivas, en playas de todo el mundo. Esto les ocurre más a menudo a las ballenas piloto que a otras ballenas, porque sus lazos sociales son tan fuertes que no abandonan a nadie del grupo, incluso si un solo animal está varado.

Las ballenas de barbas no forman grupos permanentes y por eso es improbable que terminen varadas. En el verano, la mayoría de las ballenas de barbas se alimentan en las ricas aguas de Alaska y los polos. Migran a aguas tropicales para aparearse y para que nazcan sus crías.

Las ballenas usan varios sonidos para comunicarse: cantos, gemidos, chasquidos, zumbidos y ruidos secos. A cierta profundidad, sus sonidos pueden viajar cientos de millas.

Las ballenas correctas del sur viajan miles de millas cada año.

Apareamiento

Izquierda: Un grupo de belugas macho sigue a una hembra.
Arriba: Las ballenas correctas del sur salpican agua durante el cortejo.

Poco se sabe acerca del apareamiento de las ballenas porque pasan la mayor parte de sus vidas bajo el agua. Se sabe que las crías nacen a fines de invierno o principios de la primavera. Las hembras tienen crías a partir de los cinco o seis años. La gestación dura cerca de doce meses.

A veces, varios machos siguen a una sola hembra, y a menudo ésta se aparea con más de uno. Las ballenas jorobadas son famosas por sus cantos de apareamiento, que están entre los más largos y complejos en el reino animal. Los saltos completos fuera del agua pueden ocurrir en toda época, pero se ven más conductas inusuales durante la temporada de apareamiento. Las ballenas saltan fuera del agua y caen salpicando mucha agua y haciendo mucho ruido. Cuando las ballenas sacan parcialmente sus cuerpos del agua y miran alrededor se dice que están 'espiando'. Hay ocasiones en que las ballenas mantienen la cabeza bajo el agua con la cola en el aire, y dan coletazos en el agua para atrás y adelante. Nadie sabe a ciencia cierta por qué las ballenas presentan estos comportamientos.

Una orca juguetona salta por el agua.

La crianza de los ballenatos

Muchos tipos de ballenas, como la ballena gris y la jorobada, migran a aguas más cálidas para que nazcan sus crías. Los ballenatos recién nacidos tienen poca grasa para mantenerse calientes y flotar. Necesitan nacer en aguas cálidas donde pueden alimentarse y fortalecerse.

Un recién nacido se queda cerca a su madre, una ballena jorobada.

Las crías nacen de cola. La madre a menudo se dobla para romper el cordón umbilical. La madre y una hembra que la asiste —llamada 'tía'— ayudan al ballenato a subir a la superficie para que respire por primera vez. Las ballenas bebés toman entre 30 y 100 galones de leche al día. La leche de ballena es rica en grasas y tan espesa como la pasta de dientes.

Una cría de ballena gris apoya la barbilla en su madre.

Los ballenatos crecen muy rápido. Las crías de la ballena azul engordan hasta 9 libras (4 kilos) por hora. Las crías de esta ballena miden 20 pies (6.1 metros) de largo al nacer. A los siete meses, el ballenato alcanza los 50 pies (15.2 metros) de largo—¡dos tercios del tamaño de su madre!

Cuando las crías de la ballena gris tienen dos meses, empiezan un largo viaje hacia el norte. Con frecuencia el ballenato viaja en el lomo de su madre. Al mantenerse cerca de ella, la corriente que crea el enorme cuerpo de su madre lo arrastra y no hace ningún esfuerzo. Eso es muy útil porque la ballena gris viaja más de 6,000 millas (9,677 kilómetros) para volver al territorio ártico donde se alimenta.

El ballenato permanece con su madre dos o tres años. En las sociedades de las ballenas piloto y las orcas, la cría vive con su madre la vida entera.

La ballena y el hombre

El hombre ha cazado ballenas durante siglos, por su carne, aceite y barbas. La ballena correcta fue una de las primeras presas de los balleneros. Era la ballena 'correcta', porque era fácil cazarla, nadaba despacio, vivía cerca de la orilla, flotaba al morir y tenía gran cantidad de carne, aceite y barbas. Cuando empezaron a disminuir, los balleneros persiguieron a los cachalotes. La ballena azul era muy fuerte y demasiado rápida para los balleneros hasta que, a fines del siglo XIX, se inventaron los arpones explosivos y los barcos a vapor más rápidos. Ya en el siglo XX, se había cazado la mayoría de las grandes ballenas hasta casi la extinción.

Actualmente, sólo unos pocos países cazan ballenas. Ya no se come carne o grasa de ballena, y hay productos que han reemplazado los huesos de ballena, las barbas y el aceite. Sólo Japón, Noruega, Rusia y Korea, todavía cazan ballenas, principalmente por su carne.

Observadores de ballenas saludan a una ballena gris.

Hoy en día, uno de los mayores peligros para las ballenas es la contaminación. Echamos al mar sustancias nocivas, como químicos, pesticidas y agua de desagüe. Estas sustancias se acumulan en los tejidos y causan enfermedades en las ballenas. La madre puede pasar estos venenos a su cría a través de la leche, causándole alguna enfermedad o la muerte.

Una familia de orcas pasa junto a observadores humanos.

Muchos se han unido a grupos de conservación que luchan por salvar a las ballenas. Algunas poblaciones de ballenas se han recuperado. Los científicos creen que ahora hay tantas ballenas grises como antes de que empezara su caza. El Servicio de Pesquería de la Marina Nacional ha impuesto reglas para impedir que las personas se acerquen a las ballenas sin un permiso especial. En muchas regiones del mundo, hay parques marinos donde se protege a las ballenas. En estas áreas, las ballenas se pueden aparear y sus crías nacen sin la amenaza de cazadores.

Las ballenas son animales magníficos, que inspiran respeto. Si deseamos continuar compartiendo nuestro planeta con ellas, debemos proteger a estas misteriosas criaturas y los océanos donde viven.

GLOSARIO

Aletas Extremidades planas que ayudan a las criaturas marinas a nadar.

Apareamiento Cuando los animales se juntan para tener crías.

Arpón Una lanza larga atada a una soga que puede dispararse con una pistola especial.

Ballenato La cría de una ballena.

Extinción Una planta o animal en peligro de desaparecer.

Lampiño Sin pelo.

Migrar Viajar con el cambio de estación.

Presa Un animal que es cazado para ser la comida de otro.

PARA MÁS INFORMACIÓN

Libros

Carwardine, Mark. *Killer Whale* (Natural World). Chatham, NJ: Raintree/Steck Vaughn, 1999.

Crewe, Sabrina. *The Whale* (Life Cycles). Chatham, NJ: Raintree/Steck Vaughn, 1997.

Dudley, Karen. *Blue Whales* (The Untamed World). Chatham, NJ: Raintree/Steck Vaughn, 1998.

LeBloas, Renee. *The Orca: Admiral of the Sea* (Close-Up). Watertown, MA: Charlesbridge Publishing, 2001.

Sitio en la red

Baleen Whales

Encuentra más información sobre la ballena de barbas y su hábitat en
— http://www.seaworld.org/whalesk3/baleen%5Fwhales.htm

ÍNDICE

Apareamiento, 18–19
Ballenas azules, 7, 21–22
ballenas beluga, 7, 14
ballenas correctas del sur, 9
ballenas de barbas, 6–7, 9–13, 16–17

ballenas dentadas, 6–8, 10–12, 14, 16
ballenas grises, 9, 20, 23
ballenas jorobadas, 8, 13–14, 18, 20
ballenas piloto, 17
Cachalote, 12, 14–16, 22
caza, 13–15

crías, 20–21
cuerpo, 10–11
Humanos, 22–23
Orcas, 8, 14
Rasgos especiales, 12
Vida social, 16–17